11. Auflage 2022
© Annette Betz in der Ueberreuter Verlag GmbH, Berlin 2014
ISBN 978-3-219-11264-1
Erstausgabe © Annette Betz Verlag im Verlag Carl Ueberreuter, Wien – München 2006
ISBN 978-3-219-11264-1

Layout, Umschlag- und Innenillustrationen: Monika Zünd
Druck und Bindung: Grafisches Centrum Cuno, Calbe

www.annettebetz.de

Rosemarie Künzler-Behncke

Sankt Martin

Illustrationen von Monika Zünd

annette betz

Wenn es draußen früh dunkel wird, der Herbstwind die letzten Blätter von den Bäumen fegt und die Zugvögel längst in den Süden geflogen sind – dann feiern wir das Martinsfest.

Überall gehen am 11. November – das ist der Namenstag des heiligen Martin – abends die Kinder mit Laternen durch die Straßen. Sie singen »Laterne, Laterne – Sonne, Mond und Sterne ...« und vor ihnen her reitet der heilige Martin in einem weiten Umhang zum Martinsfeuer auf dem Marktplatz. Dort verteilt er Martinsbrezeln und Weckmänner, ein süßes Gebäck. An manchen Orten spielt auch eine Blaskapelle und alle tanzen den Laternenreigen. Danach ziehen die Kinder mit ihren Laternen fröhlich nach Hause.

Wollt ihr wissen, wer der heilige Martin war?

Dann lasst es euch erzählen:

Vor langer Zeit, um das Jahr 317, wurde Martin in Ungarn in der Stadt Sabaria geboren. Sein Vater war ein hoher römischer Offizier. Der kleine Martin spielte gern mit den anderen Kindern vor der Kaserne. Dort schauten sie zu, wie die Soldaten marschierten, wie sie Speerwerfen und Schwertkampf übten oder mit Lanze und Schild mit Pferden aufeinander zuritten. Das gefiel Martin. »Wenn ich groß bin, will ich Soldat werden«, sagte er zu seinen Freunden. Sie spielten am liebsten mit Holzschwertern und ritten auf Stöcken und machten den Soldaten alles nach.

Die meisten Menschen glaubten damals noch an viele verschiedene Götter. Martins Vater verehrte den Kriegsgott Mars am meisten, denn mit seiner Hilfe, so glaubte er, hatten die römischen Soldaten viele Länder erobert und das Römische Reich groß und mächtig gemacht.

Aber es gab auch schon Christen, die an Jesus glaubten. Martin sah sie gemeinsam beten und Lieder singen. Es waren friedliche Menschen, die nichts von Kampf und Kriegen wissen wollten. Das war für Martin eine ganz neue Welt, zu der er sich sehr hingezogen fühlte.

Einige Jahre später zog Martin mit seinen Eltern von Ungarn nach Italien und lebte in der Stadt Pavia. Hier verbrachte er den Rest seiner Kindheit.

Als Martin erwachsen geworden war, drängte ihn sein Vater dazu, Soldat zu werden. Martin war voller Zweifel, denn er hatte sich verändert: Am liebsten wollte Martin sich taufen lassen und ein Christ werden. Aber weil er seinen Vater liebte und ihn nicht enttäuschen wollte, gehorchte er und wurde römischer Soldat.

Bald wurde Martin Offizier. Und ein ganzer Trupp Soldaten musste ihm gehorchen.

Da kam eines Tages vom römischen Kaiser der Befehl, dass Martin mit seinen Leuten in das Land Gallien, das heutige Frankreich, ziehen sollte.

Das war ein weiter Weg. Sie ritten durch Felder, Wälder und Dörfer. Die Reise wurde immer beschwerlicher. Sie mussten durch tiefe Schluchten und über hohe Berge reiten. Und es stürmte und schneite Tag und Nacht.

Nach vielen Wochen kamen sie endlich in die französische Stadt Amiens. Es war ein bitterkalter Tag.

Da sah Martin am Stadttor einen alten Bettler am Boden liegen. Er war fast nackt und zitterte vor Kälte. Alle Menschen, die er um Hilfe anflehte, gingen achtlos an ihm vorüber. Martin war entsetzt über die Hartherzigkeit der Menschen. Voller Mitleid zog er sein Schwert und schnitt seinen weiten, warmen Mantel mit einem Hieb in zwei Teile. Die eine Hälfte schenkte er dem armen Alten. Die andere Hälfte behielt er. Am liebsten hätte Martin seinen ganzen Mantel verschenkt. Aber alles, was er besaß, gehörte ja eigentlich dem römischen Kaiser.

Die Soldaten und Menschen, die alles mit angesehen hatten, schüttelten die Köpfe. Manche lachten.

»Was für ein Dummkopf!«, sagten sie. »Der schöne Mantel!«

In der folgenden Nacht hatte Martin einen Traum: Er sah eine Gestalt, die Ähnlichkeit hatte mit dem Bettler am Stadttor. Sie trug den Mantel, den Martin dem armen Mann geschenkt hatte. Aber im Traum war dieser Mann von einem leuchtenden Schein umgeben. Er neigte sich über Martin und sagte: »Ich bin Jesus Christus. Und was du dem armen Bettler getan hast, das hast du mir getan.«

Dieser Traum veränderte Martins Leben ganz und gar. Nun wollte er endgültig seinen geheimen Wünschen nachgeben und nicht mehr ohne Glauben leben. Er war ja schon lange auf dem Weg, ein Christ zu werden.

Martin gab sein Soldatenleben auf. Er ließ sich taufen und wurde von einem Priester im christlichen Glauben unterrichtet.

Dann zog sich Martin in eine einsame Hütte zurück. Er half den Armen und den Kranken, tröstete sie und betete mit ihnen. Bald sprach man überall von Martin, seiner Menschenliebe und seinen guten Werken.

Immer mehr Menschen kamen zu Martin und holten sich Hilfe und Trost. Viele ließen sich taufen und wurden Christen. Viele siedelten sich bei ihm an. Sie bauten sich ein Haus, in dem sie zusammen wohnten, und eine Kirche, in der sie miteinander beteten. Sie legten einen Gemüsegarten an und bauten ringsherum eine Mauer. So entstand das erste Kloster Galliens.

Martin lebte als Einsiedler an verschiedenen Orten. Und aus seinen Einsiedeleien entstand mit den Menschen, die ihm folgten und mit ihm lebten, bald ein Kloster nach dem anderen. Der Ruf von Martins Güte und Barmherzigkeit war in aller Munde und drang weit über die Grenzen. Überall wurde Martin von den Menschen geliebt und verehrt.

Als eines Tages der Bischof von Tours gestorben war, kamen Boten zu Martin ins Kloster und wollten ihn zum neuen Bischof wählen. Das war eine große Ehre. Aber Martin wollte lieber in aller Bescheidenheit bei seinen Klosterbrüdern bleiben. Er lief weg und versteckte sich im Gänsestall. Die Boten ließen sich nicht abweisen und suchten Martin überall. Da hörten sie plötzlich, wie die Gänse im Gänsestall aufgeregt schrien und schnatterten. Sie entdeckten Martin in seinem Versteck und baten ihn abermals, ihr neuer Bischof zu werden.

Martin betete die ganze Nacht, um die richtige Entscheidung zu finden. Am Morgen war ihm klar: Er durfte nicht seinen eigenen Wünschen nachgeben und in der gewohnten Zurückgezogenheit bleiben. Er musste die größere Aufgabe annehmen.

So wurde Martin in der Kirche von Tours zum Bischof geweiht.
Von nun an sorgte Martin für Frieden und Gerechtigkeit im ganzen Land. Von weit her
kamen die Menschen und holten sich bei ihm Rat und Hilfe. Immer mehr Menschen ließen
sich taufen und wurden Christen.

Als Martin im Jahre 397 mit ungefähr 80 Jahren starb, breitete sich die traurige Nachricht wie ein Lauffeuer aus. Von allen Seiten strömten die Menschen herbei. Hunderte von Mönchen führten den Trauerzug an. Das ganze Land nahm Abschied von seinem Bischof. Über Martins Grab entstand eine große Kirche, die bis heute von vielen Menschen besucht wird. Für Kinder und Erwachsene bleibt der Bischof wegen seines christlichen, mitmenschlichen Verhaltens ein beliebtes Vorbild.

Laterne, Laterne

Laterne, Laterne, Sonne, Mond und Sterne, brenne auf, mein Licht, brenne auf, mein Licht, aber nur meine liebe Laterne nicht.

Text und Melodie: aus Norddeutschland